AF247117

A BAS

LA
NATURALISATION

OU

LA NATURALISATION

EN FACE DU PATRIOTISME

Par le Docteur

EUGILVIC

(Gaulois Belge)

VICE-PRÉSIDENT DE L'ACADÉMIE ALBONNIQUE,
PROFESSEUR D'ÉDUCATION PATRIOTIQUE ET FAMILIALE

> Qui change de patrie, en paix ou
> en guerre, n'est qu'un traître.

Prix : 75 centimes.

PARIS

Bureaux de l'Académie albonnique

2, IMPASSE COLLINEAU, 2.

1887

A BAS

LA

NATURALISATION

———

TIRAGE :

950 exemplaires ,
sur papier ordinaire, à 0,75 ;
50 sur papier vélin,   à 1,50

PARIS

IMPRIMERIE A. QUELQUEJEU

10, Rue Gerbert, 10.

A BAS

LA

NATURALISATION

OU

LA NATURALISATION

EN FACE DU PATRIOTISME

Par le Docteur

EUGILVIC

(Gaulois Belge)

VICE-PRÉSIDENT DE L'ACADÉMIE ALBONNIQUE,

PROFESSEUR D'ÉDUCATION PATRIOTIQUE ET FAMILIALE

Qui change de patrie, en paix ou
en guerre, n'est qu'un traitre.

Prix : 75 centimes.

PARIS

Bureaux de l'Académie albonnique

2, IMPASSE COLLINEAU, 2.

—

1887

DÉDICACE

A LA MÉMOIRE

DE MA MÈRE

Qui était fervente Patriote.

En 1870, une de ses amies lui disait :
Vous n'avez qu'un fils, c'est votre seul soutien ; s'il est tué, vous serez sans ressource, il pourrait ne pas partir.
Ma mère répondit :
C'est vrai, mais j'aimerai mieux voir mon fils tué, que de le voir sous le joug prussien.

A BAS LA NATURALISATION

ou

La Naturalisation

EN FACE DU PATRIOTISME

Étant donné que la Nationalité **est une** parenté en grand, ou une agrégation de familles de même origine : peut-on se faire naturaliser ?

Au moment, où nos chambres législatives sont en train d'élaborer une loi à ce sujet, il est intéressant d'examiner, moralement et patriotiquement, ce qu'est la naturalisation.

L'homme a une intelligence et un corps. — Pour les besoins du corps, il est comme les animaux : il cherche à les satisfaire. Encore, remarque-t-on que ceux-ci, se dévouent quelquefois, soit en se privant de nourriture, ou en risquant la mort, pour ceux qu'ils affectionnent.

L'homme fera-t-il moins ?

Mais bien plus qu'aux bêtes, son être moral, sa sociabilité, lui imposent des devoirs, lui créent des obligations, qui, chez les gens de cœur, se changent facilement en dévouements volontaires, et qu'ils accomplissent avec bonheur.

Quoique disent, et quoique fassent les philosophes de mauvais aloi et les égoïstes, ils ne pourront jamais déraciner de l'âme humaine, les généreux sentiments qui font que l'homme honnête, se sacrifiera, s'il le faut, pour substanter ses vieux parents, sa femme, ses enfants; et par extension, soutiendra au prix de son sang, ceux de sa race, qui sont ses amis, ses voisins : ceux qui parlent la même langue; ceux dont les ancêtres ont souffert des mêmes douleurs, accompli les mêmes progrès, surmonté les mêmes difficultés, partagé les gloires pareilles : en un mot, ceux qui ont la même histoire.

Il n'y a que le lâche égoïste qui ne veuille pas de famille: parcequ'il lui faudrait laisser à celle-ci, une part de son bien-être. Il ne veut pas

non plus de patrie, car il lui faudrait la dé-
fendre, au jour du danger.

Mais pour l'instant, ce n'est pas cette espèce
d'individus, qu'il faut convaincre: je m'adresse
à ceux qui reconnaissent que l'on doit avoir
une patrie; et je leur dis : vous commettez une
profonde erreur en admettant la naturalisation,
et vous législateurs, en la codifiant, lui donnant
ainsi une légalité qui fait croire au public,
que cet acte complètement anti - national,
est juste; et que ceux qui l'accomplissent sont
honorables.

Mais vous savez bien que ceux qui changent
de religion, sont tenus pour de malhonnêtes
gens, aussi bien par leurs anciens que par leurs
nouveaux corréligionnaires; que ceux qui
virent d'une opinion politique à une autre, ne
sont que des canailles. Et vous admettriez que
ceux qui troquent une patrie contre une autre,
vaudraient mieux, et qu'en usant de votre loi
immorale, ils deviendraient des modèles pour
ceux qui les connaissent : c'est absurde et
monstrueux.

D'ailleurs, pourquoi change-t-on de nationalité: toujours par intérêt. C'est un polonais qui pour être député, ou ministre français, renie les siens. C'est un musicien célèbre, Hervé, que les journaux de Paris, ont eu à peine le courage de fustiger, qui se fait Anglais, soi-disant afin d'être plus tranquille, de garder ses propriétés en Angleterre, et de ne pas être expulsé de ce pays, en cas de guerre avec la France; voilà les raisons, que ce traître, anglais manqué, et quand même mauvais français, ose donner, pour pallier son infamie. Si les parisiens, avaient moins de légèreté dans l'esprit, ils mettraient les œuvres de cet ophidien, à l'index, en s'abstenant d'aller les voir jouer; mais je n'y compte pas.

C'est un M. de Hérédia, qui en 1870, arbore le drapeau américain sur sa propriété, afin que les Prussiens n'y touchent pas, ce qu'en effet, ils ont fait. La guerre terminée, mon américain se naturalise français et devient député de Paris : ça n'est pas plus malin que ça. — C'est un enfant de la Révolution, que la patrie fait officier, général, maréchal, et qui pour un trône, devient suédois. Ayant peur de perdre sa conronne, il se bat contre ses compatriotes d'origine, contribue à l'invasion du

sol français, y portant l'incendie et la dévas-
tation : j'ai désigné le traître Bernadotte. —
C'est un Lullier, qui, furieux de ne pas être
élu député, se fait américain ; il est vrai que
cela n'est pas une perte pour nous : loin de là.

C'est un italien : le prince Amédée, duc
d'Aoste, qui se naturalise Espagnol pour être
roi, et qui chassé par ses sujets, est bien heureux
de se refaire Italien, et les Italiens lui paient
encore par dessus le marché, le maréchalat et
une dotation parce qu'il a bien voulu leur faire
l'honneur de revenir à eux. Supposons que
pendant son court règne, la guerre fût dé-
clarée entre l'Italie et l'Espagne, Amédée
aurait parfaitement fait massacrer ses trop
bénins frères de race.

Quand donc, la conscience publique, aujourd'hui dévoyée, comprendra-t-elle que ceux
qui abandonnent leur patrie, sont des infâmes,
des traîtres ; parceque si la lutte éclatait entre
leur ancienne et leur nouvelle patrie, ils vien-
draient donc, foulant la terre qui recouvre
les os de leurs aïeux, égorger leurs frères, et
bombarder s'il le faut, la ville qui les a vus
naître, et les a élevés.

D'ailleurs, en temps de guerre, qui passe à l'ennemi, est un félon. Pourquoi donc cela serait-il permis en temps de paix ; puisque la paix est toujours provisoire.

Autre point de vue. — Si M. de Bismarck veut sûrement espionner en France, faire pénétrer ses agents dans l'armée, les administrations, les faire nommer députés et sénateurs: la naturalisation sera le meilleur moyen.

Exemple : en 1868, un prussien se fait admettre dans la grande famille française. Comme nous chérissons, surtout à Paris, ceux qui viennent de loin et qui ont de l'aplomb, il arriva que le Borusse fut choyé et protégé, au point de devenir secrétaire général de la préfecture de Seine-et-Marne. En 1870, les hostilités éclatant, vous croyez que le nouveau français va prendre du service ? Oui, mais en Prusse, où il s'en était retourné. Et quand Guillaume fut à Versailles, il rendit un décret nommant un de ses capitaines d'état-major, préfet de Seine-et-Marne : c'était l'ancien secrétaire-général. Le tour était joué : voilà à quoi sert la naturalisation. Morale : la poule qui élève des cannetons, les voit rejoindre les canards.

Il est donc prouvé que la naturalisation est en théorie, un faux raisonnement, et en pratique, une dangereuse immoralité ; parceque, on ne peut pas, on ne doit pás faire d'un prussien, un français ; pas plus que le français ne peut devenir prussien : je suis vraiment honteux d'être obligé de démontrer ces choses-là. Le simple bon sens devrait suffire à les comprendre. Ce n'est pas le même sang, ni le même cerveau ; par conséquent vous abatardissez une nation en lui infusant du sang étranger. Voyez l'ancienne Rome, en décrétant que les Italiens, les Gaulois, les Ibères, les Africains étaient citoyens romains, elle a tellement détruit sa nationalité, qu'elle disparut totalement du monde.

Ceux qui oseraient me soutenir que les Allemands, parcequ'ils ont du sang aussi rouge que l'est le nôtre, peuvent devenir français, je leur répondrai : que les crapauds ont également le sang rouge : est-ce une raison suffisante, pour se flatter d'être leur frère ?

Vous ne changez pas l'homme, en le transportant dans une autre patrie : autant approuver alors ce moine qui, surpris pendant le carême, à manger du poulet, s'en tira spirituellement en s'écriant : Poulet, je te baptise carpe !

La Suisse, plus sage, s'oppose à ce qu'un de ses enfants, puisse l'abandonner ; quoiqu'elle accepte, que les étrangers puissent devenir citoyens chez elle. — Elle n'est qu'à demi-logique : l'étranger pas plus que le Suisse, ne doit pouvoir renier sa patrie originelle.

Faisons donc mieux qu'elle ; rendons pleine satisfaction à la morale publique ; déclarons hautement que les naturalisés sont des rénégats, des traîtres à montrer au doigt, à repousser de partout. Et rationnellement, abolissons dans nos lois, cette odieuse monstruosité qui les déshonore : la naturalisation.

Je supplie donc nos députés d'examiner ce sujet, de songer au salut de la France, et de sauvegarder la pureté de notre race, contre les infiltrations, plus ou moins secrètes du sang teuton dans le nôtre qui, à un moment donné, pourraient phylloxérer plusieurs de nos provinces, comme cela est déjà arrivé en partie, pour nos anciens départements de la Roer, de Rhin-et-Moselle, de Mont-Tonnerre, de la Sarre, de la Moselle, du Haut et du Bas-Rhin.

Non ! il n'est pas permis d'abandonner son père, sa mère, ses frères ; on ne doit pas renier leur nom. Il en est de même de la patrie. Tous ceux qui n'ont rien fait de bon dans leurs pays, les ambitieux, les acariâtres, les intéressés, les voleurs, les sans-cœurs, changent de nationalité : franchement, avons-nous besoin d'un tel contingent ? Ce ne sont pas des êtres pareils qui ajouteraient au prestige français, un lustre quelconque.

On me dira : vous êtes trop rigide, trop exclusif ; il est des cas où l'on doit admettre la naturalisation : par exemple, les fils d'Alsaciens qui veulent redevenir français. Ou encore, un étranger qui s'étant héroïquement battu pour la France, demande au prix de son sang, à devenir des nôtres.

Je réponds que pour cela, il n'est point besoin de naturalisation.

J'ai dit plus haut que, quand on a la même histoire, que l'on est de même race, si le malheur des temps fait que la Gaule, ou la France, est morcelée, démembrée, et qu'une partie de ses enfants soit séparée du pays originel, eh bien ! élaborez une loi de réintégration des droits nationaux, de rentrée dans la grande famille, qui ne sera applicable qu'aux descendants de français. — Ainsi par exemple, nous savons que les Alsaciens, les Colonais, les Aixois, les Mayençais, les Sarrois, sont nos congénères. Ceux d'entr'eux qui voudraient devenir français, n'auraient qu'à en faire la demande. Après enquête rigoureuse, portant sur la filiation et la moralité des postulants, ils seraient déclarés français. De même pour les Suisses, les Belges, les Hollandais et les Luxembourgeois, tous aussi Gaulois que nous, quoiqu'en disent M. de Bismarck et ses professeurs d'ethnographie, qu'il a soudoyés pour débiter leurs mensonges impudents et radicalement faux.

Quant aux véritables étrangers, relativement à nous, les Espagnols, les Italiens, les Slaves, etc., qui se battraient pour la France ou lui rendraient d'éclatants services, récompensez-les dignement ; mais ne les adoptez pas, vous les déshonoreriez et vous vous abaisseriez ; faites leur comprendre, si le bon sens leur manquait au point de demander une pareille chose, que justement parceque l'on possède de grandes qualités, l'on se doit davantage à son pays natal. En agissant ainsi, on rendra également hommage aux deux nationalités. Si Garibaldi s'était fait naturaliser par les nations auxquelles il a prêté son épée, il serait citoyen d'une demi-douzaine d'états : cela n'est pas possible. Est-ce que le brave Bossak qui a été en 1870, un véritable héros, a voulu devenir français ? Non. Et il a bien agi.

J'ai encore à examiner la naturalisation par le mariage : la première réflexion qui me vient à ce sujet, c'est que l'on ne devrait se marier qu'entre nationaux.— Comment voulez-vous que les enfants issus de ces unions mixtes, entre français et étrangers, puissent avoir une idée nette et surtout pratique de l'amour du pays, puisque leurs ascendants ont

3

changé ou plutôt mélangé les nationalités. — Vous citerais-je cette Russe qui épouse d'abord un Français, feu de Morny, dont elle a eu des enfants ; devenue veuve, elle se remarie avec un Espagnol, M. de Sesto, dont elle a eu également des enfants : ainsi M. le duc de Morny a son père français, sa mère russe et ses frères espagnols : allez donc parler patriotisme à des familles aussi embrouillées que celles-là. — Il est évident que le mariage ainsi compris, ne devrait pas exister. — M. Naquet, dans sa loi sur le divorce, a oublié un cas important : il aurait dû demander, que si un français se fait naturaliser étranger, l'épouse aurait le plein droit de divorcer. En effet une femme patriote, quand elle se marie avec un français, n'a évidemment pas l'idée de renier la France.

Autre cas : si une française se présentait à une mairie pour s'y marier avec un étranger, le maire devrait avoir le droit de lui répondre : « Allez vous faire marier ailleurs ; soit à l'ambassade ou au consulat du pays de votre futur.» Voyons, s'il est admis que c'est mal faire que de changer de patrie, pourquoi la loi sur le mariage, faciliterait-elle cette infraction au bon sens.

Parlons maintenant de la naturalisation en masse. Exemple : l'Assemblée nationale décrète que tous les Juifs sont citoyens français. — C'est là, une des plus profondes erreurs qu'elle ait commises. — Comment, voici des gens qui ne sont même pas d'origine européenne, qui n'ont de parenté qu'avec les Arabes et les Syriens, et vous en faites des Français ! Vous nous dites : mais ils sont nés en France, de père en fils et ne demandent pas mieux que d'être nos compatriotes. C'est encore une erreur : voilà, il est vrai, plus de dix siècles que les Juifs sont dans notre nation : mais de quelle façon ? Ils ont conservé leurs usages, leur langue, leurs traditions : ils ne se marient qu'entr'eux et méprisent profondément les chrétiens : en un mot, ils se considèrent comme une nation ambulante ; effectivement cela est ainsi. Notez que je ne leur reproche pas cette fidélité à leur espoir patriotique. Mais je viens dire que les législateurs français ont fait une grande faute, en donnant à ces gens-là, les mêmes droits qu'à nous. Mesure d'autant plus grave qu'à cette époque, on voyait de vrais français n'avoir pas le droit de voter, parcequ'ils étaient pauvres ; et les Israélites étaient leurs maîtres, de par la richesse. En effet, l'Assemblée nationale repoussait la proposition de Merlin de Douai et de Robespierre, qui demandaient l'établissement du suffrage universel. — Cette législature et les suivantes préférèrent les riches hébreux aux pauvres français, pour l'élection des députés.

Il est un fait avéré : c'est que les Juifs n'ont conquis leurs droits de citoyens, que pour en profiter personnellement, et ils se jouent de n'importe quel état chrétien : un israélite français pactise très-bien avec ses corréligionnaires étrangers, et les croit ses frères, bien plus que n'importe lequel d'entre nous ; citerais-je par exemple : les Rothschild de France, d'Angleterre et d'Allemagne. Ils ne sont ni français, ni anglais, ni germains : ils sont hébreux. — Puisque l'on est en train de dépecer l'empire ottoman, je demande à l'aréopage européen, ceci : que l'on déclare la

Judée, un état indépendant, et immédiatement nous y exporterons tous nos Palestins et l'on proclamera, à Jérusalem, l'un des Rothschild, roi des Juifs.

Je remarque ceci, c'est que les Roumains n'ont pas voulu accorder aux Israëlites, le droit de citoyens, en disant très-justement que ces êtres-là n'étaient pas des Roumains, mais des émissaires de Russie et d'Allemagne. Autre fait tout aussi probant : la république d'Haïti n'admet pas les blancs comme électeurs chez elle : elle a parfaitement raison.

A l'appui de ma thèse, je citerai un fait important, qui est celui-ci : le juif Crémieux profite de ce qu'il est membre du gouvernement de la Défense nationale (de triste mémoire), pour décréter que les Judéens d'Algérie sont français. — Très-bien, ceux-ci acceptent avec plaisir ; ils deviennent les supérieurs des Arabes : ces derniers nous en veulent encore davantage à cause de cette mesure.

Donc, les fils d'Abraham profitent de nos avantages civils et politiques : oui, mais il y a le service militaire qui ne leur va pas du tout.

Et il n'y a pas deux ans, à Alger, les conscrits juifs furieux de l'obligation, de servir dans une armée qu'ils considèrent comme étrangère, ont eu l'idée de protester en criant : A bas la France, vive la Prusse !

C'est bien fait pour nous ; pourquoi les avoir fait nos égaux ?

Un dernier mot, et ce mot, c'est celui de naturalisation.

Que veut-il dire en français, cette langue si logique, si claire ? Il veut dire littéralement, changer une nature en une autre. Or cela est-il possible : peut-on changer un chien en chat, même en le naturalisant? Prenez une géographie, ou un traité d'ethnographie : vous y verrez que le français se reconnaît à certains caractères, peau blanche, angle facial très-ouvert, yeux droits, etc. Et vous prendrez un nègre à la peau noire, ou un chinois aux yeux bridés ; et en vertu d'une formule cabalistique, écrite sur une feuille de papier, vous soutiendrez qu'ils sont français, de par la naturalisation : arcane magique, mais qui cependant ne va pas jusqu'à changer ni leurs crânes, ni la couleur de leurs corps.

Vous voyez donc, que c'est enfantin, ridicule et odieux.

CONCLUSION.

La Naturalisation ne donne lieu qu'à la tromperie, au mensonge, à l'espionnage, à l'immoralité et ne peut aucunement transformer un homme, d'une race en une autre.

Elle n'est qu'un marchepied pour l'ambition, un moyen pour l'égoïsme ; et plus un état admet facilement la naturalisation, plus cet état est corrompu, plus il s'avance vers la mort.

Donc, à bas la Naturalisation !

CHAPITRE ADDITIONNEL

J'allais livrer les pages précédentes à la presse, lorsque j'appris que le Sénat discutait dans sa séance du 13 Novembre 1886, la nouvelle loi sur la naturalisation.

Comme pendant cette délibération, il s'est produit des arguments que je n'avais point discutés, je vais donc continuer ma démonstration, en prenant pour texte, les objections émises par quelques Sénateurs.

Je saisis, dans l'intéressant rapport de M. Camille Sée, cette phrase:

« La nationalité résulte du sang et de la filiation, et l'enfant doit être français ou étranger, non pas parcequ'il naît sur la terre française ou étrangère, mais parcequ'il naît d'un père français ou étranger.»

Cette citation très concise, très claire et en même temps très complète, représente absolument le principe que je défends, et condamne absolument aussi la Naturalisation.

Hélas, pourquoi le Sénat et M. Sée lui-même, ne s'en sont-ils pas tenus à cette définition. — Ils auraient ainsi évité de patauger affreusement dans leur discussion.

Mais non, au lieu de déduire de justes conséquences de ces prémisses, ils ont persisté à vouloir allier les situations les plus opposées, les faits les plus contradictoires; et par dessus le marché, ont essayé d'ajuster leur nouvelle loi avec les législations étrangères, qui elles mêmes forment, chacune en ce qui les concerne, et vis-à-vis les unes des autres, un formidable imbroglio.

Nos honorables Sénateurs (ils sont tous honorables, d'après ce que j'entends dire), ont tenu quand même, à vouloir élaborer une jurisprudence inédite, qui partant radicalement d'un principe faux, d'une idée immorale, aboutit également à des mesures contraires au bon sens et à la justice.

M. Sée préconise, pour obvier aux difficultés

inhérentes à son projet, un congrès des nations, afin, dit-il, de faire cesser les conflits causés par la naturalisation: avouant ainsi lui-même, que son travail fut-il complètement adopté, il ne mettrait pas fin aux difficultés sus-énoncées.

Quant au congrès, que Dieu, ou en son lieu et place, tout ce que vous voudrez, nous en préserve. — Nous avons déjà le gâchis résultant des lois constitutionnelles mêlées aux lois ordinaires, les unes étant modifiables, et les autres ne l'étant pas, même quand par l'usage, elles sont reconnues mauvaises.

Or, si vous ajoutez encore les lois internationales, ce sera le comble, nous ne pourrons absolument plus les changer, sans l'assentiment de nos voisins.— M. Sée ne voit pas qu'il marche vers la fédération ou république universelle, système incompatible avec la diversité des idées et la variété des races.

Dans un autre paragraphe, M. le commissaire du gouvernement, veut que l'idée de patrie soit la première leçon enseignée aux enfants.

Mais alors, vous devez rendre la nationalité immuable et ne pas la livrer aux hasards inconséquents de votre loi; déclarez que cette nationalité est indélébile, puisque vous êtes d'accord avec Montesquieu pour dire: « En naissant, on contracte envers la patrie, une dette dont on ne peut jamais s'acquitter.»

Et après cela, vous osez encore parler de naturalisation: mais vous ne voyez donc pas que vous vous contre-carrez, que vous aboutissez ainsi à l'absurde, au non-sens et à la démoralisation.— Si on ne peut jamais rendre à sa patrie les bienfaits qu'on lui doit, à plus forte raison, on ne peut la renier. C'est cependant ce que vous proposez; et ce qui est le plus désolant, par des moyens légaux, vous voulez faire sanctionner et approuver une forfaiture.

Vous ne voyez donc pas, que vous vous rendez ainsi les complices d'une trahison, et que le philosophe qui vous jugera, pourra constater que vous désorientez l'esprit humain et que vous détruisez l'idée sacrée du patriotisme. Par votre ouvrage, vous êtes les premiers coupables, quand un de vos compatriotes suivant vos funestes maximes, devient félon envers son pays.

———

M. Naquet, lui, veut renchérir encore sur MM. Batbie et Sée.

Il trouve que l'on ne facilite pas assez l'entrée des étrangers dans la famille française : en un mot, il adopte le système du premier Consul, c'est-à-dire le *jus soli*.— Si Bonaparte avait cette idée, c'est qu'en général, les conquérants sont plus personnels que patriotes, et qu'il acquerrait par ce moyen, davantage de soldats.

Quant à M. Naquet, son mobile est tout autre: il plaide pour sa synagogue.— Nécessairement, si vous n'admettez que le *jus sanguinis*, M. Naquet n'est plus Français, puisqu'il est d'origine asiatique; tandis qu'avec le *jus soli*, cela va tout seul: né sur la terre française, il aura des droits que l'on pourra refuser au fils de Français, né à l'étranger.

Mais ce n'est pas là, la raison apparente donnée par l'hébreu Sénateur : non, il se place sur un autre terrain, pour convaincre ses auditeurs.— D'abord, il dit: Anciennement la France était plus grande et les états voisins plus faibles: il arrive qu'aujourd'hui, notre nation amoindrie, se trouve en face d'agglomé-

rations puissantes qui lui sont hostiles; la
population décroissant chez nous et augmen-
tant chez les autres, plus nous irons, plus la
France se dépeuplera, tandis qu'ailleurs c'est
l'inverse.

« Nous n'avons qu'un seul moyen, s'écrie
M. Naquet, c'est d'ouvrir largement les portes
à la population étrangère: afin qu'elle fasse
souche de Français. Donc, il faut lui donner
toute facilité de se faire naturaliser.»

Le deuxième argument du chimiste Israélite, est que les étrangers naturalisés par force,
seront contraints aussi d'être soldats, et admis,
bien entendu, dans notre armée.

La troisième raison, c'est que les ouvriers
étrangers travaillant à plus bas prix, font
concurrence aux notres : donc naturalisons
les étrangers.

Dernier point: il veut bien admettre que les
fils de français nés à l'étranger, pourront
obtenir la nationalité de leurs pères.

Cette concession que fait au *jus sanguinis*,
M. Naquet, n'est elle aussi, qu'apparente:
puisque les étrangers peuvent devenir français,
le fils de français n'aura qu'à se prévaloir de

sa naissance en terre étrangère, pour devenir notre compatriote: vous voyez que l'inventeur des nouvelles eaux et pommades, n'est pas dépourvu de toute malice.

Passons maintenant à l'argument des ouvriers étrangers.— M. Naquet prétend que devenus français, ils exigeront immédiatement de leurs patrons, une augmentation de salaire.— Je me demande si l'apôtre du divorce ne se moque pas de nous: est-ce que ses naturalisés auront changé de caractère; est-ce qu'ils en seront moins des concurrents pour les travailleurs indigènes, parcequ'ils auront dans leur poche, un papier leur donnant des droits égaux aux notres?

Les étrangers, dit M. Naquet, ne pourront plus esquiver le service militaire, et augmenteront, par leur contingent, l'armée française.

Ainsi, voilà des gens qui ont émigré pour ne pas être soldats chez eux, et vous croyez qu'ils serviront bien la France ?— Et vous oserez conférer les plus hauts grades à des gens qui pourront en abuser pour livrer nos secrets, nos forteresses à leurs anciens compatriotes: vous voulez donc introduire les loups dans la bergerie ?

Je sais que c'est là le fort de votre raisonnement et que vous serez approuvé par ceux qui jugent superficiellement. Mais en réfléchissant, on verra le danger que vous nous feriez courir, et le patriotisme aidant, j'espère que le Sénat ne vous suivra pas dans cette funeste voie.

D'ailleurs, il y a un moyen plus rationnel : c'est de décréter que tous les étrangers âgés de vingt à quarante ans, qui résident en France, seront astreints au service militaire, dans la légion étrangère.

Vous éviterez ainsi leur immixtion dans notre armée nationale.

———

Le sénateur judéen croit nous effrayer, et par ce moyen, nous faire accepter la naturalisation, en disant que la France est stationnaire, relativement aux chiffres des naissances, tandis que les autres pays croissent et multiplient à qui mieux mieux: par conséquent, il en adviendra que nous serons de plus en plus inférieurs en population.

Donc appelons les étrangers pour combler, les vides et ramener l'équilibre.

M. Naquet doit cependant connaître assez de physiologie, pour savoir que chaque nationalité a son caractère, et qu'en les mélangeant, on s'expose à des mécomptes. — Vraiment les éleveurs normands ont plus souci de garantir la pureté de la race chevaline, que peut en avoir le législateur sémite, vis-à-vis de notre peuple, quand il vient proposer de faire souche de Français, avec des Prussiens ou des Chinois.

Examinons maintenant la question, au point de vue de l'économie sociale.

M. Naquet ne voit pas qu'en introduisant une famille prussienne en France, il empêche une famille française d'y vivre; il agit comme un agriculteur qui, se plaignant d'avoir un champ de blé trop clairsemé, dirait: j'y vais planter des orties; elles combleront les vides ; oui, mais quelle singulière récolte il aura !

Prenons encore la question sous un autre aspect : on dit que notre nation ne peuple pas autant que d'autres.— Il y a des motifs pour cela : c'est qu'en Prusse ou en Russie la population y est moins dense qu'en France; chez nous, elle a atteint pour ainsi dire, son maximum, surtout par suite du développement du bien-être et de l'intelligence, qui fait qu'un Français a davantage de besoins moraux et physiques qu'un Espagnol, ou un Allemand.

Mais le jour où les Germains pourront atteindre notre degré de civilisation, si toutefois leur cerveaux ne sont pas trop imparfaits pour arriver à un tel résultat, ce jour-là, dis-je, ils cesseront d'être aussi prolifiques: c'est une règle scientifique, que plus une espèce est inférieure, plus elle multiplie.— D'ailleurs, c'est une profonde erreur que de croire que chez eux, la population augmentera continuellement : quand elle sera aussi drue que le permettra la prospérité du sol, elle sera bien forcée d'arrêter sa progression. Du reste, cela commence déjà, puisqu'elle est obligée de chercher des dérivatifs comme l'émigration sur une grande échelle, ou encore l'expulsion en masse des Polonais, afin de les remplacer par ses encombrantes générations.

M. Naquet a encore soulevé un point plus

grave, en disant que la France était tombée dans un rang très inférieur, relativement aux autres puissances; et il n'a rien trouvé de mieux pour rendre à notre nation sa prépondérance, que de prôner l'admission des étrangers, dans notre pays.— Si on l'écoute, voici ce qu'il arrivera: les Espagnols accourront à Bordeaux et à Perpignan, les Italiens à Lyon et à Marseille, les Prussiens, eux, grouilleront à Paris et dans tout le Nord et l'Est: et vienne une guerre malheureuse, le démembrement de la France est certain et irrémédiable, car tous ces naturalisés seront les points d'appui, l'avant-garde de leurs nations, et les diplomates prouveront que le pays appartient à la race qui l'habite.

Voilà comment la France périrait : elle ne ferait que répéter l'histoire ancienne. Rome admit dans ses armées, les étrangers, ainsi que dans ses comices et dans son gouvernement: nous savons où cela l'a menée.— Sénateurs français, si vous voulez en faire autant de la vieille Gaule, votez l'étrange proposition de l'étranger Naquet.

L'on me demandera quel autre moyen

employer pour rendre à la France, la place qu'elle doit occuper.— Je répondrai ceci : d'abord, garder méticuleusement la pureté de notre race; et ensuite lui rendre par la revanche, ses frontières naturelles et historiques.— Reprenez donc aux Prussiens nos départements de la Roer, du Rhin-et-Moselle, du Mont-Tonnerre, de la Sarre, de la Moselle, du Haut et du Bas-Rhin, qu'ils nous ont arrachés par les traités à jamais néfastes de 1814 et 1871. Et la Prusse sera ramenée à ses justes proportions.

Que l'Espagne, le Portugal, l'Angleterre, la Belgique, la Hollande, la Suède, le Danemarck, l'Italie, la Hongrie, la Serbie, la Roumanie, et la Grèce forment une sainte et formidable coalition pour faire rentrer les griffes à l'ours moscovite, et rogner les tentacules de la pieuvre allemande.

Que par l'épée, ces Etats refassent la carte d'Europe, rendant à la France le Rhin; au Danemarck, le Sleswig-Holstein et le Lauenbourg; à la Suède, la Finlande; à la Roumanie, la Transylvanie et les bouches du Danube; à la Grèce, Salonique, la Thessalie et Constantinople; aux Turcs, le Caucase; à la Hongrie et à la Bulgarie, leur pleine indépendance; à la Pologne, sa libération.

Le jour où cela existera, vous aurez rétabli l'équilibre européen, basé sur le principe juste et immortel des nationalités; et vous aurez terrassé pour toujours les ogres teutoniques et moscovites.

Mais si l'Europe du Sud-Ouest, reste indolente; si la France se leurre avec l'alliance de la Russie (le loyal président de la *Ligue des Patriotes* , et plusieurs journaux français, entr'autres la *Revanche*, y croient); je vous prophétise que vous aurez les Allemands à Copenhague , Amsterdam ,   Anvers , Lille, Amiens, Rheims et Besançon.— Quant aux Russes, ils auront un pied à Constantinople et Suez, et l'autre à Calcutta.— Je me demande alors, ce que deviendront non seulement les races sud-occidentales, mais même la Prusse, en face de la toute puissante Moscovie, qui à ses 100 millions d'habitants actuels, y aura ajouté 50 millions d'Européens et 300 millions d'Asiatiques !

Voilà le gouffre béant, où les races celtiques, slaves et scandinaves, iront s'engloutir, si ....

Rappelez vous bien que tant que les Teutons pourront irradier vers l'Ouest, et les Russes à l'Orient, il y aura toujours alliance et complicité entr'eux; ce sont des pillards qui se soutiendront jusqu'à ce que l'Europe soït anéantie.

Mais après, ils s'entredéchireront.

Et qu'est-ce-que cela pourra-t-il donc nous faire: puisque n'ayant pas su prévoir, nous serons fatalement les esclaves des uns ou des autres.

Ouvrons donc les yeux; il en est encore temps.

M. de Pressensé a demandé de conserver dans la nouvelle loi, l'article 22 de celle du 15 Décembre 1790, qui est ainsi conçu :

« Toutes personnes qui, nées en pays étranger, descendant, en quelque degré que ce soit d'un Français ou d'une Française expatriés pour cause de religion, sont déclarés naturels Français et jouissent des droits attachés à cette qualité, si elles reviennent en France, y fixent leur domicile et prêtent le serment civique. »

A ce propos, l'onctueux et cher pasteur

vante en pleurant, l'héroïsme admirable des protestants.— Je crois devoir profiter de cette occasion pour essayer de détruire encore un de ces trop nombreux préjugés, qui règnent si malheureusement dans notre histoire.

Examinons donc ce que voulaient et ce qu'ont fait, les protestants.— Ils ont mis la France à deux doigts de sa perte, par leur entêtement séparatiste et leur monstrueuse alliance avec les Anglais et les Allemands, qu'ils n'ont pas craint d'appeler en France; ce qui est de la belle et bonne trahison.

Ils n'ont jamais voulu se soumettre à la majorité.— Ils ont été jusqu'à créer, s'inspirant en cela des légendes bibliques et de la prépondérance de leurs adeptes dans le gouvernement de Genève, jusqu'à créer la République de la Rochelle, qui était parfaitement bien un État dans l'Etat français.— Afin de sauvegarder l'unité française, il a fallu leur livrer nombre de batailles, dans lesquelles ils étaient renforcés par les reitres teutons.

Il ne faut pas croire que les Réformés demandaient simplement la grâce de prier Dieu en français : non, il leur fallait encore des droits politiques et régaliens, qui allaient jusqu'à les rendre complètement indépendants de notre patrie: ils avaient des ambassadeurs près des puissances étrangères. Devions-nous tolérer ces agissements?

Quand Henri IV leur eût accordé l'Edit de Nantes, ils ne furent pas encore satisfaits et Richelieu fut obligé de prendre d'assaut Montauban et leurs autres forteresses, d'où ils continuaient leurs menées anti-françaises.

Quand Louis XIV a révoqué l'édit de Nantes, je veux bien qu'il y ait été poussé par le parti catholique: mais c'était aussi par la crainte de voir les Protestants profiter des embarras du royaume, pour recommencer leurs séditions: c'est ce que l'on a pas fait remarquer jusqu'ici.

Pour ce qui en est du prétendu libéralisme des sectaires huguenots, il ne faut pas plus y croire, qu'à leur mansuétude : on a vu de quoi ils étaient capables, quand ils avaient le dessus. — En Suisse, ils brûlaient Michel Servet et niaient la liberté de conscience; en Angleterre: ils décapitaient Marie Stuart et ses adhérents, et privaient de tous leurs droits, les catholiques.

Et en France, oh, écoutez comment dépeint

leurs faits et gestes, le poëte Pierre de Brach:

Dessoubs le voile feint d'une simplicité,
Et soubs le faux semblant d'une doulce apparance
Cacher un cœur félon enfiélé d'arrogance,
Plain de vice, d'orgueil, de dol, de cruauté;

Pour bien se reformer, cercher la liberté,
Blasmer le larrecin, piller à outrance,
Ne chanter que la Paix, porter la guerre en France,
Tromper soubs ce serment: Je jure en vérité!

Loüer la piété, renverser la Justice,
Allumer mille feux, inventer maint supplice,
Prescher l'obéissance, estre toujours armés

Tuer, voler, meurdrir, exercer toute rage.
C'est de la sainteté, le plus seur témoignage
De ceux qui vont, portant le nom de Réformés.

De nos jours encore, il y a plus d'hypocrisie et moins de liberté, chez les nations protestantes, que chez les autres.

J'en conclus, que loin d'être des héros à imiter, ou des martyrs à révérer, les protestants ont préféré quand ils ont vu qu'ils ne pouvaient point arriver à leur but, ont préféré, dis-je, s'expatrier, allant jusqu'à angliciser leurs noms : la rage théologique avait étouffé dans leurs cœurs, la fraternité nationale.

M. de Pressensé ose ajouter, que les protestants émigrés n'ont jamais cessé d'aimer la France : en tous cas, ils ont eu une singulière manière de la chérir, car dans toutes les guerres que nous avons eues avec les Allemands, depuis Louis XIII jusqu'en 1871, ce sont les fils de ces réfugiés, qui ont été les plus acharnés contre nous. Et aujourd'hui qui voyons-nous à Berlin, au ministère de la guerre? un protestant Français : le général Bronsart : qu'en dites-vous, cher sénateur évangélique ?

Ah si leurs pères et eux, avaient fait comme ceux qui sont restés en France à leurs risques et périls, j'aurais encore compris que l'on glorifiât la lutte que se livraient dans leur esprit, la croyance et la patrie.

Mais pour moi, les émigrés huguenots de 1685 sont tout aussi bien des traîtres, que les émigrés royalistes de 1792, quand les uns comme les autres, ont porté les armes contre la France.

M. de Pressensé, au lieu de s'en tenir à un article spécial aux réformés, eut été plus logique en faisant la proposition suivante, qui est plus large, plus généreuse: c'était de demander que tout individu qui aurait prouvé qu'il descendait d'un Français, aurait pu sous certaines conditions, devenir notre concitoyen par réintégration, et principalement ceux qui habitent d'anciennes provinces françaises, telles que. Jersey, la Suisse, la Belgique, la Hollande, le Luxembourg, ainsi que les départements que les traités de 1814 et 1871 ont mis sous le joug prussien.

Mais pas un sénateur n'a eu cette idée. Au contraire presque tous, piqués par je ne sais quel diptère, ont fréquemment protesté, qu'ils ne voulaient pas restreindre les facilités de la naturalisation, allant jusqu'à dire que c'était un honneur pour un étranger, que de devenir Français, ce qui est archi-faux; il n'y a pas d'honneur à renier les siens; il n'y a que de l'ignominie : Hé ! Messieurs les Sénateurs, chaque pays a ses patriotes que j'honore à ce titre: nous n'avons pas de monopole. Pour moi, les Prussiens sont bien canailles; mais un Prussien devenant Français, ou un Français se naturalisant Prussien: je déclare ces deux sortes d'individus, encore plus infâmes. Où la contradiction éclate plus fortement, c'est quand nos pères conscrits n'admettant pas que les notres changent de patrie, acceptent et honorent les étrangers qui le font; c'est totalement illogique; ne faites donc pas aux autres nationalités, ce que vous ne voudriez pas que l'on fit à la votre.

RÉSUMÉ

Abandonnez donc, Sénateurs, votre projet de loi qui cloche sous tous les rapports, en donnant des démentis à l'équité et en vous faisant positivement divaguer, quand vous voulez concilier le juste avec l'injuste; l'honneur avec l'apostasie; et remplacez-le par les deux suivants, que je me permets de soumettre à votre appréciation.

LOI SUR LA NATIONALITÉ.

I. — Est français, tout individu né d'un père français, soit en France, soit à l'étranger.

II. — La qualité de Français est indélébile; en conséquence tout français qui adoptera une autre nationalité, sera passible des tribunaux, et si, il manque au service militaire, il passera en conseil de guerre, comme traître, aussitôt que l'on pourra se saisir de sa personne.

III. — En attendant, il sera déchu de tous ses droits civils et politiques.

IV. — Tout français, qui devant témoins, reniera par acte ou par parole, sa nationalité, sera traduit devant les tribunaux compétents, qui pourront lui infliger de une à dix années d'emprisonnement, le déclarant déchu de tous droits politiques et civils; et en plus, lui imposeront le service militaire dans la légion étrangère.

V. — Les descendants des français naturalisés étrangers, et les habitants des provinces qui, aujourd'hui, séparées de la France, ont fait partie de l'ancienne Gaule (c'est-à-dire du territoire compris entre les Pyrénées, les Alpes et le Rhin), pourront devenir français, en prouvant leur moralité, leur filiation et leurs bons sentiments à l'égard de la France.

VI. — Sous n'importe quel prétexte, un mineur né français, ne peut perdre cette qualité.

VII. — L'enfant né d'une française et d'un père inconnu, est considéré comme français jusqu'à l'âge de vingt ans.—De 20 à 21 ans, il sera tenu de déclarer s'il veut rester français. Il pourra ce faire, nonobstant l'opposition qui émanerait de l'étranger qui se serait déclaré son père.

VIII. — L'enfant infamilial (né de parents inconnus), sera également traité comme français, et comme le précédent, sera mis en demeure de déclarer à sa majorité, quelle est la nationalité qu'il accepte.

IX. — La française qui épousera un français, aura le droit de divorcer, si son mari change de nationalité.

X. — La française qui veut se marier avec un étranger, ne pourra pas contracter son mariage dans une mairie française, et perdra ses droits nationaux.

XI. — Toutes les lois, ou articles de. loi, notammeuI reux relatifs à la naturalisation, qui sont contraires à cette présente loi, sont abrogés.

LOI SUR LES ÉTRANGERS.

I. — L'étranger qui veut résider en France,

doit en faire la déclaration à la mairie de la commune où il élit domicile.

II. — Il ne peut changer de domicile, sans en avertir la mairie de la localité, où il s'établit à nouveau.

III. — Il sera perçu un droit de séjour s'élevant à   francs, sur chaque étranger demeurant en France.

IV. — L'étranger, né en France, pourra devenir français, s'il fait les preuves suivantes:

1º — Bonne moralité.

2º — Bons sentiments envers la France.

3º — Que son père, son aïeul et son bisaïeul sont nés en France.

4º — Que les susdits ont épousé une française.

V. — Les étrangers sont soumis au service militaire, qu'ils effectueront dans la légion étrangère.

VI. — Tout étranger, qui par actes, ou par paroles, insultera ou nuira à la nation française sera traduit devant les tribunaux, et pourra être condamné de une à vingt années de prison, et à l'expiration de sa peine sera expulsé.

VII. — Tout étranger qui contreviendra aux

articles précédents, passera en jugement, et sera passible d'emprisonnement variant d'une année à vingt années de prison et après sera expulsé.

DERNIÈRE OBSERVATION

Des sénateurs se plaignent qu'il y a 300000 belges dans le département du Nord. Si c'est parce que ceux-ci ne font pas de service militaire, ils ont raison et doivent prendre les voies et moyens pour les incorporer dans la légion étrangère.— Mais si c'est dans l'intention de les traiter en étrangers suspects, ils ont tort: car ces belges sont en France, en grande majorité au même titre que les Alsaciens. Comme ceux-ci, ils ont été violemment séparés de nous, en 1814. Et Louis-Philippe, de lâche mémoire, les a repoussés durement, quand en 1830, ils ont voulu redevenir Français.

Soyons donc indulgents, envers les flamands qui en 1870 sont venus en grand nombre, au secours de la France; je dirai plus, considérons-les comme des frères que nous avons humiliés et que nous n'avons pas eu le courage de faire rentrer, malgré leurs prières, dans le giron national; grâce, je le répète, à la couardise du roi à riflard.

Il vaut mieux, en somme, que les Belges viennent en France, plutôt que d'aller à Berlin. — Ce lien fraternel est pour nous un sûr garant, qui empêchera le vorace Bismarck, de mettre sa lourde patte sur la Belgique.

A bon entendeur, salut.

FIN

Paris, imp. A. Quelquejeu, rue Gerbert, 10.

Bureaux de l'Académie Albonnique
Paris, impasse Collineau, 2.

Pour paraître prochainement :

LA GAULE BELGIQUE

(De la Seine au Rhin).

Cette Revue est créée en vue de renouer les liens de fraternité parmi les populations gauloises qui sont au Nord de la Seine (Hollande, Belgique, Luxembourg, départements français et anciens départements, actuellement sous le joug prussien.)

Elle aura aussi pour but la destruction des mensonges historiques, inventés par les pédants germaniques, véritables reîtres littéraires, avec lesquels Bismarck viole l'histoire.

Nous dénoncerons aussi les faussetés, que les cuistres allemands ont réussi à faire pénétrer, jusque dans les livres d'enseignement officiel des écoles de France, de Belgique, etc.

La **Gaule Belgique** aura les diverses sections suivantes : Ethnographie, Bibliographie, Biographie, Archéologie, Statistique, Beaux-Arts, etc. — Elle paraîtra trimestriellement.

Prix d'abonnement : HUIT francs par an.

On peut souscrire dès à présent.

Paris, Imp. A. Quelquejeu, rue Gerbért, 10.

www.ingramcontent.com/pod-product-compliance
Lightning Source LLC
Chambersburg PA
CBHW061624060726
47597CB00005B/1786